공의 단일태

권선민 지음

공의 단일태

권선민 지음

서문

우리는 왜 이렇게 불안해졌는가

이 책은 한 가지 질문에서 시작한다.

우리는 왜 이렇게 불안해졌는가.

이 질문은
심리의 문제가 아니다.
성격의 문제도 아니다.
시대가 힘들어서도 아니다.

만약 그것이 사실이라면,
문명이 발전할수록
인간은 더 평온해졌어야 한다.
그러나 현실은 정반대다.

우리는 과거 어느 시대보다
더 많은 선택지를 가지고 있고,
더 많은 정보를 접하며,

더 많은 자유를 누리고 있다.
그럼에도 불구하고
불안은 줄어들지 않는다.
오히려
선택이 늘어날수록 불안은 커지고,
정보가 많아질수록 혼란은 깊어지며,
자유가 확장될수록
우리는 더 쉽게 무너진다.
이것은
개인의 실패가 아니다.

여기서 하나의 불편한 질문을 던져야 한다.
　혹시 우리가 불안한 이유는
　잘못 살아서가 아니라,
　잘 판단하고 있기 때문은 아닐까?
이 질문은
지금까지 거의 제기되지 않았다.
우리는 언제나
"더 잘 판단해야 한다"고 배워왔기 때문이다.

서양 문명은
인간을 판단의 주체로 세우는 데 성공했다.
무엇이 옳은지,
무엇이 효율적인지,

어떤 선택이 더 나은지를
끊임없이 판단하도록 요구했다.
그 결과
문명은 발전했고,
시스템은 정교해졌으며,
삶은 편리해졌다.
그러나 그 과정에서
한 가지는 묻지 않았다.
　판단은 언제 멈추는가?

동양철학은
전혀 다른 방향에서
같은 문제를 바라보았다.
동양은 오래전부터
인간의 고통이
외부 환경이 아니라
판단에서 발생한다는 사실을 보았다.
그래서
고의 소멸을 말했고,
공을 말했으며,
여실지견을 말해왔다.
그러나 이 가르침은
대중에게 거의 전달되지 못했다.
공은

신비가 되었고,

깨달음은 감당하기 어려운 이상이 되었으며,

철학은

일부의 언어로 남았다.

이제 우리는

이 두 전통 사이에 서 있다.

- 서양은 판단을 극대화했고
- 동양은 판단 이전을 보았지만
- 어느 쪽도 오늘날의 인간을

평온하게 만들지는 못했다. 이것은 실패가 아니다.

아직 하나의 기준이 정립되지 않았기 때문이다.

이 책은

그 기준을 제시한다.

공의 단일태 이론은

판단을 포기하자고 말하지 않는다.

자아를 없애자고 요구하지도 않는다.

수행을 전제로 하지도 않는다.

이 이론이 묻는 것은

단 하나다.

판단이 시작되기 이전의 상태를

기준으로 고정할 수 있는가?

만약 이 기준이 가능하다면
다음은 모두 달라진다.

- 판단은 계속 이루어지되
  집착으로 굳어지지 않고
- 선택은 가벼워지되 더 정밀해지며
- 불안은 억제되지 않고
  발생하지 않게 된다.

이 상태에서
평온은 목표가 아니라
기본 상태가 된다.

이 책은
당신에게 동의하라고 요구하지 않는다.
다만
지금까지 너무 당연하게 여겨졌던
한 가지 전제를 의심해 보자고 제안한다.

불안은 인간의 본성인가,
아니면
기준을 잃은 판단의 결과인가?

이 질문이 불편하다면,
이 책은 당신을 위한 책이다.

이제부터의 모든 내용은
이 질문에 대한 하나의 답으로 수렴한다.

그리고 그 답은

의지나 신념이 아니라

구조로 증명된다.

공의 단일태 이론

판단 이전의 기준을 되찾기 위하여

– **권선민** –

공의 단일태

제1부
서양은 판단을 확장했고, 인간은 불안을 얻었다

제2부
단일태의 발견: 공과 판단의 근원 구조

제1부

서양은 판단을 확장했고,
인간은 불안을 얻었다

제1장
판단하는 인간의 탄생

인간이 불안해지기 시작한 시점을 정확히 특정하기는 어렵다.
그러나 한 가지는 분명하다.
불안은 인간이 판단하기 시작하면서 함께 등장했다.
이 말은
판단이 잘못되었다는 뜻이 아니다.
오히려 그 반대다.
인간은 판단할 수 있게 되었기 때문에 지금의 인간이 되었다.

서양철학의 가장 큰 전환은
인간을 세계의 일부에서
세계의 판단 주체로 끌어올린 데 있다.
세계는 더 이상
그저 주어지는 질서가 아니었다.
이해의 대상이 되었고,
분석의 대상이 되었으며,
선택과 개입의 대상이 되었다.
이 전환은
인간에게 자유를 주었다.

판단이 가능해졌다는 것은
선택이 가능해졌다는 뜻이다.
선택이 가능해졌다는 것은
책임이 발생했다는 뜻이다.
그리고 책임이 발생했다는 것은
더 이상 세계의 결과를
외부 탓으로 돌릴 수 없게 되었다는 의미다.
이때부터 인간은
스스로를 이렇게 인식하기 시작한다.

"나는 선택했고,
그 결과는 나의 몫이다."

이 구조는
문명을 가능하게 했다.
과학은
판단의 정교화였고,
기술은
판단의 확장이었으며,
제도와 시스템은
판단의 축적이었다.
서양 문명은
판단을 멈추지 않았다.
그 결과

세계는 빠르게 이해되었고,
빠르게 변화되었으며,
전례 없는 속도로 재구성되었다.

여기까지는
성공의 역사다.
문제는
이 성공이 너무 완벽했다는 데 있다.

판단은
원래 특정 순간에 작동하는 능력이었다.
무엇이 옳은지,
어떤 선택이 더 나은지,
지금 무엇을 해야 하는지.
그러나 문명이 발전하면서
판단은 상시 작동 상태가 되었다.
멈추지 않는 판단,
갱신되는 기준,
비교와 평가의 일상화.
이때부터 판단은
행위 이전의 도구가 아니라,
존재를 규정하는 기준이 되기 시작한다.

인간은 더 이상

"무엇을 할 것인가"만 판단하지 않는다.
"나는 충분한가?"
"나는 옳은가?"
"나는 뒤처지지 않았는가?"
이 질문들은
모두 판단이
자아의 중심으로 이동했음을 보여준다.

이 지점에서
불안이 등장한다.
불안은
잘못된 선택의 결과가 아니다.
선택이 실패했기 때문에 생기는 것도 아니다.
불안은
판단이 자아와 결합되었을 때
필연적으로 발생하는 상태다.
판단이 곧
자기 가치의 평가가 되는 순간,
인간은
항상 불충분한 상태에 머물게 된다.

중요한 사실은 이것이다.
이 불안은
개인의 성격 문제가 아니다.

의지가 약해서도 아니다.
판단이 확장된 문명 속에서
정상적으로 판단하는 인간이라면
누구나 겪게 되는 구조적 결과다.

서양 문명은
이 문제를 해결하기 위해
판단을 더 정교하게 만들었다.
알고리즘,
시스템,
자동화된 선택 구조.
판단을 대신해 주는 장치들은
인간의 부담을 줄여 주는 것처럼 보였다.
그러나 이것은
판단을 제거한 것이 아니라,
판단의 기준을 외부로 이전한 것에 불과했다.

이제 인간은
판단을 하지 않아도 되지만,
어디서 판단이 시작되고
어디서 멈추는지는
더 이상 알지 못한다.
이 상태에서
불안은 사라지지 않는다.

오히려

더 모호해지고,

더 만성화된다.

이 장에서

하나의 사실만을 고정해 두자.

　서양 문명은 판단을 극대화했고,

　그 성공은

　인간의 불안을 구조적으로 만들어 냈다.

이것은 비판이 아니다.

성취의 결과다.

다음 장에서는

이 판단 구조가

어떻게 문명 전체의 시스템으로 굳어졌는지,

그리고 왜

인간이 스스로 판단하는 능력을

점점 잃어가고 있는지를 살펴본다.

,

제2장

문명은 왜
인간을 대신 판단하게 되었는가

판단이 인간의 능력으로 남아 있을 때,
그것은 필요할 때 작동하는 도구였다.
그러나 판단이 문명의 중심으로 이동하는 순간,
그 성격은 완전히 달라졌다.
서양 문명이 만든 가장 강력한 장치는
인간의 판단을 확장하는 시스템이었다.
그리고 그 시스템은
어느 순간부터
인간을 대신해 판단하기 시작했다.

문명은
판단을 줄이기 위해 발전한 것이 아니다.
오히려
더 많은 판단을 가능하게 하기 위해 발전했다.
문제는
판단의 양이 아니라
판단이 작동하는 위치였다.

현대 사회에서
인간은 끊임없이 선택한다.
무엇을 먹을지,
어디에 살지,
어떤 일을 할지,
어떤 삶이 더 나은지.
이 선택들은
개별적으로 보면 사소해 보인다.
그러나 이 선택들이
하루도 쉬지 않고 반복될 때,
인간의 판단은
지속 가능한 상태를 벗어난다.

이 지점에서
문명은 하나의 해결책을 제시했다.
판단을 시스템으로 이전하자.
규칙을 만들고,
기준을 정하고,
절차를 고정한다.
이렇게 하면
개인은 매번 판단하지 않아도 된다.
문명은
이 과정을
효율이라 불렀다.

시스템은
분명히 효과적이었다.
판단은 빨라졌고,
결과는 안정되었으며,
개인의 부담은 줄어들었다.
그러나 이 변화는
중요한 전제를 포함하고 있었다.

　판단의 기준은
　더 이상 개인에게 있지 않다.

이때부터
인간은
판단하지 않아도 되는 존재가 되었다.
무엇이 옳은지는
이미 정해져 있고,
어떤 선택이 안전한지도
시스템이 알려준다.
문명은
인간을 보호하는 것처럼 보였다.
그러나 이 보호는
판단 능력의 보존이 아니라,
판단 기준의 외주화였다.

판단 기준이 외부로 이동하면

한 가지 변화가 발생한다.
인간은
선택의 결과에 대해서는
책임을 지지만,
그 선택이 만들어진 과정에 대해서는
점점 무감각해진다.
이때부터
판단은
내면의 작용이 아니라,
따르는 절차가 된다.

이 구조는
불안을 제거하지 않는다.
오히려
불안의 형태를 바꾼다.
이제 불안은
"내가 잘못 판단했는가?"가 아니라
"시스템에서 벗어나고 있는가?"로 변한다.

시스템에 적응하지 못하면
낙오자가 되고,
기준을 따라가지 못하면
문제가 있는 존재가 된다.
이때 인간은

자신의 판단을 신뢰하지 않는다.
대신
외부 기준에 맞춰
자신을 끊임없이 조정한다.

이 상태에서
불안은
사라질 수 없다.
판단이 사라진 것이 아니라,
판단의 책임만 개인에게 남았기 때문이다.
선택은 시스템이 만들지만,
결과는 개인이 감당한다.
이 구조는
인간을 점점
무력하게 만든다.

문명은
이 문제를 다시 해결하려 한다.
더 정교한 알고리즘,
더 개인화된 추천,
더 자동화된 선택.
그러나 이 방향은
문제를 해결하지 않는다.

왜냐하면
판단 이전의 기준이
여전히 부재하기 때문이다.

판단을 대신하는 시스템은
판단을 줄이지 않는다.
다만
판단의 위치를
인간 밖으로 옮길 뿐이다.
이 과정에서
인간은
판단의 주체도 아니고,
완전히 자유로운 객체도 아닌
애매한 위치에 놓인다.

여기서
하나의 질문이 다시 등장한다.
　판단을 누가 하는가가 아니라,
　판단은 어디에서 시작되는가?
이 질문에 답하지 않는 한,
문명은
계속해서 판단을 외주화할 것이고,
인간은
계속해서 불안해질 것이다.

이 장에서

다음의 사실을 고정해 두자.

문명은 인간을 대신 판단하게 되었지만,

판단 이전의 기준을 제공하지는 못했다.

이것이

현대 불안의 핵심 구조다.

다음 장에서는

이 구조가

개인의 삶 속에서

어떻게 '선택의 폭발'로 체감되는지,

그리고 왜

선택이 많아질수록

불안이 커지는지를 살펴본다.

제3장

선택이 늘어날수록 왜 불안해지는가

선택이 많아지면
자유로워질 것이라고 믿는다.
이 믿음은
오랫동안 의심받지 않았다.
선택지가 늘어난다는 것은
가능성이 늘어난다는 뜻이고,
가능성이 늘어난다는 것은
더 나은 결과에 도달할 수 있다는 의미처럼 보이기 때문이다.
그러나 현실은 다르다.

오늘날 인간은
역사상 가장 많은 선택지 속에 살고 있다.
무엇을 먹을지,
무엇을 입을지,
어떤 정보를 믿을지,
어떤 삶이 더 옳은지.
선택은
이제 특별한 순간이 아니라

일상 그 자체가 되었다.
그럼에도 불구하고
인간은
더 자유로워졌다고 느끼지 않는다.
오히려
선택 앞에서
점점 더 불안해진다.

이 현상을
우리는 종종 이렇게 설명한다.
"선택이 너무 많아서 피곤하다."
그러나 피로는
본질이 아니다.
피로는
결과일 뿐이다.
문제는
왜 선택이
피로와 불안으로 전환되는가에 있다.

선택이 불안을 만드는 이유는
선택 그 자체에 있지 않다.
불안은
선택의 결과에서 발생하지도 않는다.
불안은

선택의 구조에서 발생한다.

선택이 늘어난다는 것은

단순히

가능성이 늘어난다는 뜻이 아니다.

그것은

다음의 의미를 동시에 포함한다.

- 선택하지 않은 가능성도 함께 늘어난다
- 놓친 결과에 대한 상상도 함께 늘어난다
- 선택의 책임이 더 무거워진다

이때 선택은

행위가 아니라

자기 평가의 기준으로 변한다.

인간은

선택한 결과를 이렇게 해석하기 시작한다.

"이 선택이

나의 능력을 증명한다."

"이 선택이

나의 가치를 보여준다."

이 순간부터

선택은 더 이상

외부 세계를 향한 판단이 아니다.

선택은

자기 자신을 향한 판단이 된다.

여기서
불안이 시작된다.
왜냐하면
자기 자신을 향한 판단에는
끝이 없기 때문이다.

선택이 많아질수록
"더 나은 선택이 있었을지도 모른다"는
가능성은 항상 남는다.
이 가능성은
사실이 아니라
상상이다.
그러나 인간의 판단 구조는
이 상상을 제거하지 못한다.
그래서 선택은
완결되지 않는다.

선택 이후에도
판단은 계속된다.
"이게 최선이었을까?"
"다른 길을 갔어야 했을까?"
"나는 잘 선택한 사람일까?"
이 질문들은
선택이 끝났음에도

판단이 멈추지 않았음을 보여준다.

이 상태에서
불안은
자연스러운 결과다.
불안은
선택이 잘못되었기 때문에 생기는 것이 아니라,
선택이 끝나지 않았기 때문에 생긴다.

문명은
이 문제를 다시 시스템으로 해결하려 한다.
추천 알고리즘,
평점 시스템,
통계와 데이터.
이 장치들은
선택을 도와주는 것처럼 보인다.
그러나 실제로는
선택을 더 복잡하게 만든다.
왜냐하면
선택의 기준이
점점 더 외부로 분산되기 때문이다.

이제 인간은
이렇게 생각한다.

"내 선택이 틀렸다면,
내가 잘못된 것이 아니라
기준을 잘못 따른 것이다."

책임은 흐려지고,
불안은 남는다.

이 구조에서
인간은
선택을 많이 하지만,
결정하지는 못한다.
선택은 계속되지만,
판단은 완결되지 않는다.
이것이
현대 불안의 핵심이다.

여기서
중요한 질문이 등장한다.

선택을 줄이는 것이 해결책인가?

답은 아니다.
선택의 수는
문제의 원인이 아니다.
문제는
선택을 마무리할 수 있는
기준의 부재다.

판단이 언제 시작되고,
언제 끝나는지를
알 수 없다면,
선택은
항상 미완성 상태로 남고,
불안은
항상 현재형이 된다.

이 장에서
하나의 사실을 분명히 해 두자.
　불안은 선택이 많아서 생기는 것이 아니다.
　불안은
　판단이 끝나지 않아서 생긴다.
이 사실을 이해하지 못하면,
우리는 계속해서
선택의 양만 줄이려 할 것이다.
그러나
그것은 해결이 아니다.

다음 장에서는
이 불안의 구조를
동양철학이 어떻게 바라보았는지,
그리고 왜
고를 감정이 아니라
구조로 이해했는지를 살펴본다.

제2부

단일태의 발견: 공과 판단의 근원 구조

제4장

고는 감정이 아니다

우리는 흔히
고를 감정으로 이해한다.
슬픔, 불안,
좌절,
상실감.
그래서 고를 없애기 위해
감정을 다스리려 한다.
그러나 동양철학과 불교는
처음부터
이 접근을 취하지 않았다.

동양에서 고는
느낌이 아니라
상태였다.
고는
어떤 감정을 느끼는가의 문제가 아니라,
어떤 방식으로 세계를 인식하고 있는가의 문제였다.
이 차이는 결정적이다.

불교가 말하는 고는
특정 감정의 이름이 아니다.
고는
판단이 시작되고,
그 판단이 자아와 결합되며,
그 결합이 반복될 때
형성되는 지속 상태다.
이 상태에서는
즐거움조차
고의 일부가 된다.
왜냐하면
즐거움 역시
잃을 수 있다는 판단과
함께 발생하기 때문이다.

이 점에서
동양철학은
불안을 특별한 문제로 보지 않았다.
불안은
고의 한 형태일 뿐이다.
불안, 분노, 슬픔, 욕망은
서로 다른 감정처럼 보이지만,
같은 구조에서 발생한다.

그 구조는 단순하다.

- 판단이 생기고
- 판단이 '나'와 결합되고
- 그 결합이 유지될 때

이때 인간은

세계를 있는 그대로 보지 않는다.

세계를

자기 중심의 의미 체계로 재구성한다.

이 상태에서

인간은 항상

무언가를 얻으려 하고,

무언가를 지키려 하며,

무언가를 피하려 한다.

이 움직임 자체가

고다.

그래서 고는

고통스러운 사건이 없어도

사라지지 않는다.

동양철학은

이 상태를

비정상으로 보지 않았다.

오히려

조건이 갖춰지면
반드시 발생하는 구조로 보았다.
그래서 고를
도덕의 문제로도,
의지의 문제로도 다루지 않았다.

중요한 점은 이것이다.
동양철학은
고를 없애기 위해
감정을 제거하려 하지 않았다.
감정은
결과이기 때문이다.
고를 제거하려면
고가 발생하는 조건을
보아야 한다.

이때 등장하는 개념이
바로 공이다.
공은
아무것도 없다는 뜻이 아니다.
공은

아직
좋고 나쁨이 갈라지지 않은 상태,

얻음과 잃음이 설정되지 않은 상태,

판단이 자아와 결합되기 이전의 상태를

가리킨다.

이 상태에서는

고가 발생할 수 없다.

왜냐하면

고를 만들어 내는

조건 자체가 존재하지 않기 때문이다.

이것이

동양철학이 말한

고의 소멸이다.

그러나 여기서

중요한 오해가 발생했다.

고의 소멸은

감정이 사라지는 것으로

이해되기 시작했고,

자아가 해체되는 것으로

오해되었다.

그 결과

공은

현실에서 접근하기 어려운

개념이 되었다.

하지만 다시 돌아가 보자.
동양철학이 말한 고는
감정이 아니었다.
고는
판단 구조의 결과였다.
그렇다면
고의 소멸 역시
감정의 문제가 아니라
구조의 문제여야 한다.

이 지점에서
하나의 질문이 자연스럽게 등장한다.

고를 느끼는 사람이 아니라,
고를 만들어 내는 구조를
제거할 수는 없는가?

이 질문은
동양철학 내부에서
충분히 제기되었지만,
이성의 언어로
정식화되지는 못했다.

이제 다음 장에서는
왜 공이
오해되고, 신비화되고,

대중으로부터 멀어졌는지를 살펴본다.

그리고 그 과정에서

왜 고의 소멸이

수행과 체험의 문제로

고정되어 버렸는지도 함께 다룬다.

,

제5장

공은 왜 끝내 설명되지 않았는가

불교에서 공은
이해를 위한 개념이 아니었다.
공은
설명되기 위해 존재한 것이 아니라,
설명이 작동하지 않는 자리를 가리키기
위해 사용된 말이었다.
이 점을 놓치면
불교의 공은
쉽게 오해된다.

반야경에서 공은
정의되지 않는다.
대신 반복되고, 부정되고, 되돌려진다.
"색즉시공 공즉시색"
"이 또한 공이다"
"얻을 것도 없고, 버릴 것도 없다"
이 언어들은
논리의 부족 때문이 아니다.

오히려
논리가 작동하는 방식 자체를 무력화하기 위해
의도적으로 선택된 언어다.

불교는
공을 하나의 개념으로 고정하는 순간,
그 개념이
새로운 집착이 될 것을 알고 있었다.
그래서 공은
설명되기보다
끊임없이 미끄러지도록 배치된다.
잡히지 않게,
정착되지 않게,
사유의 손에 붙들리지 않게.

이 점에서
공은 철학적 개념이라기보다
사유를 중단시키는 장치에 가깝다.
불교는
사유를 확장하려 하지 않았다.
사유가 만들어 내는
고의 반복 구조를
멈추게 하려 했다.

그래서 공은
언제나 역설적이다.
말로는 전해지지만
말로는 도달할 수 없고,
사유되지만
사유될 수 없다.
이 역설은
불교의 실패가 아니다.
불교가
끝까지 포기하지 않은
선택이었다.

그러나 이 선택은
하나의 결과를 낳는다.
공은
깊어질수록
대중으로부터 멀어진다.
공은
접근하면 할수록
설명할 수 없게 되고,
설명할 수 없을수록
전수될 수 없게 된다.

이 지점에서

불교는

의도하지 않았던 한계에 부딪힌다.

공은

깨달음의 핵심이지만,

공 자체를 기준으로 삼을 수는 없다.

왜냐하면

기준이 되는 순간,

공은 더 이상 공이 아니기 때문이다.

그래서 불교는

공을 끝내

체계로 만들지 않는다.

공은

언제나 가리켜질 뿐,

정의되지 않는다.

이것이

불교의 공이

끝내 신비로 남을 수밖에 없었던 이유다.

제6장

왜 수행 없이는 접근할 수 없게 되었는가

공이 설명되지 않는 자리로 남았을 때,
불교는
하나의 선택을 할 수밖에 없었다.
언어 대신 수행을 전면에 세우는 선택이다.

공은
말로 전달될 수 없기 때문에,
몸과 삶을 통해
직접 통과되어야 하는 것으로 제시된다.
그래서 불교에서
공은
항상 수행의 결과로 등장한다.

수행은
공을 이해하기 위한 과정이 아니라,
사유가 멈추는 조건을 몸에 익히는 과정이다.
불교는

이 점을 분명히 알고 있었다.
그래서 수행은
설명보다 먼저 오고,
이해보다 앞선다.

그러나 이 선택은
또 다른 문제를 만든다.
공이 수행의 결과로만 제시될 때,
공은
특정한 삶의 조건을
전제하게 된다.
시간,
집중,
훈련,
단절.

이 조건을 감당할 수 없는 사람들에게
공은
처음부터 접근 불가능한 개념이 된다.
그 결과
불교는
두 갈래로 나뉜다.

- 수행자들의 불교
- 신앙으로 소비되는 불교

공은
전자의 내부에서만
의미를 유지하게 된다.

이때부터
공은
삶의 기준이 아니라,
수행의 경지로 오해된다.
고의 소멸은
일상의 문제라기보다
출가와 단절의 문제로 이동한다.

그러나 이 흐름은
불교의 본래 의도와도
완전히 일치하지 않는다.
불교가 말한 고는
삶을 떠나야만 사라지는 것이 아니었다.
고는
삶 속에서
지금 이 자리에서
발생하는 구조였다.

하지만 공이
수행의 결과로만 남게 되면서,

고의 소멸 역시
삶의 구조 문제가 아니라
특별한 상태의 문제로 바뀐다.
이 지점에서
불교는
스스로를 설명하지 않는다.
설명하지 않음으로써
본래의 의도를 지키려 했지만,
그 침묵은
대중에게는 거리로 작용한다.

결과적으로
불교는
고를 가장 정확히 보았지만,
그 고를
누구나 사용할 수 있는 기준으로
남기지는 못했다.
이것은
불교의 오류가 아니라,
불교가 끝까지 선택한 방식의 결과다.

불교가 끝내 말하지 않은 것
불교는
많은 것을 말했다.

고를 말했고,
집착을 말했고,
공을 말했고,
해탈을 말했다.
그러나 불교는
끝내 말하지 않은 것이 있다.

그것은
공이 무엇인가가 아니라,
공이 어디에서 작동하는가에 대한 문제다.
불교는
공을 가리켰지만,
공을 기준으로 삼지 않았다.
이 선택은
의도적이었다.

불교가 가장 경계한 것은
개념 그 자체가 아니라
개념에 대한 집착이었다.
그래서 불교는
공을 하나의 정의로 남기지 않았고,
체계로 고정하지 않았으며,

언제나 미끄러지는 언어로만 전달했다.

그러나 이 선택은
하나의 질문을 남긴다.
공이 집착을 무너뜨린다면,
그 집착은 언제, 어디서 발생하는가?

불교는
이 질문을
직접 다루지 않는다.
왜냐하면
그 순간
공은 다시 개념이 되기 때문이다.

불교의 언어는
항상 사후적이다.
집착이 생긴 뒤에
집착을 끊고,
고가 발생한 뒤에
고를 소멸시킨다.
이 구조는
깊지만, 동시에 제한적이다.

왜냐하면
고는
발생한 뒤에 다루어질 때보다,

발생하기 이전에 다루어질 때
가장 명확해지기 때문이다.
그러나 불교는
이 지점에서 멈춘다.

불교는
고가 생기기 이전의 상태를
자세히 설명하지 않는다.
그 상태는
설명되기 시작하는 순간
이미 변질되기 때문이다.
그래서 불교는
그 자리를
말이 아닌 침묵으로 남긴다.

이 침묵은
무지가 아니다.
불교가 도달한
가장 깊은 지점에서의
선택이다.
그러나 이 선택은
현대의 인간에게
하나의 공백으로 남는다.

오늘날 인간은
수행자의 삶을 살지 않는다.
일상 속에서
판단하고,
선택하고,
책임을 지고,
다시 판단한다.
이 반복 속에서
불안은
수행 이전에 이미 시작된다.

이 지점에서
불교의 질문은
충분하지 않게 된다.
불교는
"어떻게 집착을 끊을 것인가"를 묻지만,
현대인은
"왜 집착이 시작되는가"를 묻게 된다.
이 질문은
불교의 범위를 벗어난다.

그래서 이제
하나의 새로운 질문이 필요하다.
　집착이 생기기 이전의 상태를

하나의 기준으로 고정할 수는 없는가?

이 질문은
불교의 가르침을 부정하지 않는다.
오히려
불교가 침묵으로 남겨둔 자리를
정직하게 마주하는 질문이다.

이 질문에 답하려면
다음 조건이 필요하다.

- 수행을 전제로 하지 않을 것
- 체험에 의존하지 않을 것
- 종교적 권위를 요구하지 않을 것
- 그러나 집착을 만들지 않을 것

이 조건은
모순처럼 보인다.
그러나 이 모순을 통과하지 않으면
현대의 인간에게
고의 문제는
끝내 해결되지 않는다.

이제부터
이 책은

불교를 설명하지 않는다.
불교가 남긴 침묵을
채우려 하지도 않는다.
대신
그 침묵이 왜 불가피했는지를
충분히 인정한 상태에서
다른 선택 가능성을 탐색한다.

다음 장에서
이 책은
하나의 기준을 제시한다.
그 기준은
공을 설명하지 않으며,
집착을 제거하지도 않는다.
다만
집착이 발생할 수 없는
상태의 구조를
처음으로 언어화한다.

,

제7장

판단 이전의 상태

우리는

판단을 너무 쉽게 말한다.

옳다,

그르다,

좋다,

나쁘다.

이 말들은

당연한 것처럼 사용되지만,

사실 하나의 전제를 품고 있다.

이미 판단이 시작되었다는 전제.

그러나 모든 판단에는

시작점이 있다.

판단은

어느 순간 갑자기 생겨나지 않는다.

판단은

항상

어떤 상태 위에서만 작동한다.

우리는
대개 이 상태를 보지 않는다.
왜냐하면
판단이 시작되는 순간,
이미 그 상태는
판단에 의해 덮여 버리기 때문이다.
그래서 인간은
판단의 결과만을 기억하고,
판단이 일어나기 직전의 상태는
인식하지 못한다.

그러나 분명히 존재한다.
판단 이전의 상태는
항상 존재한다.

이 상태는
무언가를 알기 전의 무지가 아니다.
감정이 없는 무감각도 아니다.
의식이 없는 공백도 아니다.

판단 이전의 상태는
아직 좋고 나쁨이 갈라지지 않은 상태다.
이 상태에서는
대상이 있다.

느낌도 있다.
생각의 움직임도 있다.
그러나 그것들이
아직 '나의 것'으로
붙잡히지 않는다.

이 상태에서는
정보가 들어오지만,
평가가 붙지 않는다.
상황이 발생하지만,

의미가 고정되지 않는다.
그래서 이 상태는
텅 비어 있지 않다.
오히려
열려 있다.

이 지점에서
중요한 오해를 하나 제거해야 한다.
판단 이전의 상태는
판단을 거부하는 상태가 아니다.

판단을 멈추는 상태도 아니다.
판단은

이 상태 위에서
언제든지 시작될 수 있다.
다만
이 상태 자체가
판단과 동일시되지 않을 뿐이다.

여기서
집착의 씨앗이 생긴다.
판단이 시작되는 순간,
그 판단이
'나'와 결합할 때
집착이 발생한다.
그러나 판단 이전의 상태에서는
이 결합이 아직 일어나지 않는다.

그래서 이 상태에서는
불안이 발생하지 않는다.
불안은
판단이 잘못되었을 때 생기는 것이 아니라,
판단이 '나'의 정체성이 되었을 때
발생하기 때문이다.

이 점에서
판단 이전의 상태는

평온과 직접 연결된다.

평온은

노력의 결과가 아니다.

평온은

혼란이 발생하지 않은 상태의 자연스러운 성질이다.

불교와 동양철학은

이 상태를

오래전부터 알고 있었다.

그러나 이 상태를

정의하지 않았다.

정의하는 순간

판단이 개입하기 때문이다.

그래서 이 상태는

항상 비유로만 전달된다.

- 거울에 비친 모습
- 바람이 지나간 자리
- 물에 비친 달

이 비유들은

상태를 설명하려는 것이 아니라,

상태를 느끼게 하려는 시도였다.

그러나 현대의 인간은

느낌만으로
이 상태를 유지하기 어렵다.
왜냐하면
현대의 인간은
끊임없이 판단하도록
요구받기 때문이다.

이제 질문은
이렇게 바뀐다.
　판단 이전의 상태를
　체험이 아니라
　기준으로 유지할 수는 없는가?
이 질문은
지금까지의 철학에서는
명확히 다루어지지 않았다.

판단 이전의 상태는
너무 빠르게 지나가고,
너무 쉽게 덮여 왔다.
그러나 만약
이 상태를
고정된 기준으로 삼을 수 있다면,
판단의 성격은
완전히 달라진다.

판단은
집착으로 굳어지지 않고,
선택은
불안으로 이어지지 않으며,
자아는
평가의 대상이 되지 않는다.

이 장에서
하나의 사실만을
분명히 해 두자.

  평온은
  새로 만들어지는 상태가 아니라,
  판단 이전에 이미 존재하는 상태다.

다음 장에서는
이 상태가
왜 대부분의 사람들에게
지속되지 못하는지,
그리고 어떤 조건에서
이 상태가 무너지는지를
구조적으로 살펴본다.

,

제8장

이 상태는 왜 유지되지 않는가

판단 이전의 상태는
불완전하지 않다.
그 상태에서
무언가가 부족해서
문제가 발생하는 것도 아니다.
그럼에도 불구하고
대부분의 사람들은
그 상태에 머물지 못한다.
이 사실은
중요한 오해를 하나 드러낸다.

사람들은 흔히
이렇게 생각한다.
"내가 부족해서
이 상태를 유지하지 못한다."
그러나 이것은
문제의 원인을
사람에게 돌린 해석이다.

이 장에서는
그 해석을 완전히 내려놓는다.

이 상태가 유지되지 않는 이유는
의지의 문제도,
수행의 깊이도,
깨달음의 수준도 아니다.
그 이유는
구조적이다.

판단 이전의 상태는
언제나 잠깐은 나타난다.
일상의 아주 작은 순간에도
이 상태는 스쳐 지나간다.

- 무언가를 보고

아직 좋고 나쁨이 갈라지기 전의 순간

- 말을 듣고

해석이 붙기 직전의 찰나

- 선택을 하기 전

아직 비교가 시작되지 않은 상태
이 순간들은
특별하지 않다.
너무 흔해서
우리는 그것을

상태로 인식하지 못할 뿐이다.

문제는
이 상태가 나타나는가가 아니라,
왜 즉시 사라지는가다.

이 상태가 무너지는 지점은
항상 동일하다.
판단이 시작되는 순간,
그 판단이
'나'와 결합할 때다.

판단 그 자체는
문제가 아니다.
판단은
생존과 선택을 위해
필요한 기능이다.
그러나 판단이
정체성으로 굳어지는 순간,
상태는 무너진다.

이 결합은
대부분 무의식적으로 일어난다.
"이건 나에게 좋다"

"이건 나를 위협한다"

"이 선택은 나를 규정한다"

이때 판단은

사건에 대한 평가가 아니라,

자기에 대한 선언이 된다.

이 선언이 반복되면

상태는 유지될 수 없다.

왜냐하면

판단 이전의 상태는

자기를 고정하지 않는 상태이기 때문이다.

중요한 점은 이것이다.

이 붕괴는

실수처럼 보이지만,

사실은

학습된 반응이다.

인간은

오랫동안 이렇게 훈련되어 왔다.

- 빨리 판단하라
- 명확히 구분하라
- 자신의 입장을 정하라
- 선택에 책임져라

이 요구들은
문명을 작동시켰다.
그러나 동시에
판단 이전의 상태를
머무를 수 없는 상태로 만들었다.

그래서 이 상태는
사라지는 것이 아니라,
덮인다.
판단이
너무 빠르고,
너무 자동화되어 있기 때문이다.

이 지점에서
많은 철학과 수행은
문제를 이렇게 해결하려 한다.
"판단을 줄여라."
"생각을 멈춰라."
"집착하지 마라."
그러나 이 접근은
지속되기 어렵다.
왜냐하면
판단은 줄어들 수 있지만,
판단이 다시

'나'와 결합되는 구조는
그대로 남기 때문이다.

그래서 사람들은
반복해서 좌절한다.
잠깐 평온해졌다가
다시 불안해지고,
잠깐 내려놓았다가
다시 집착한다.
이 반복은
실패가 아니다.
기준이 없었기 때문이다.

판단 이전의 상태는
그 자체로 완전하지만,
기준으로 고정되지 않으면
항상 판단에 의해 덮인다.
이것은
인간의 한계가 아니라,
구조의 문제다.

여기서
하나의 중요한 결론에 도달한다.
이 상태는

'유지해야 할 상태'가 아니라,
'되돌아와야 할 기준'이어야 한다.
상태를 유지하려 하면
노력이 되고,
노력이 되면
이미 판단이 개입한다.
그러나 기준이 되면
판단은 그 위에서
자연스럽게 작동한다.

이 장에서
다음 사실을 분명히 해 두자.
　판단 이전의 상태가 무너지는 이유는
　인간이 약해서가 아니라,
　그 상태가 기준으로 정립되지 않았기 때문이다.
다음 장에서는
이제 더 이상 피할 수 없다.
이 상태를
단순한 체험이나 설명이 아니라,
명확한 기준으로 고정하는 시도가
처음으로 등장한다.
그리고 그 순간,
이 책은
이름을 붙이게 된다.

,

제9장

상태를 기준으로 고정한다는 것

여기까지 읽은 독자라면

하나의 우려가 자연스럽게 떠오를 수 있다.

"그렇다면 이 상태는

판단을 약화시키는 것 아닌가?"

"기억과 경험을 내려놓으라는 말인가?"

"지성이 사라지는 상태는 아닌가?"

이 질문은

정당하다.

그리고 이 장은

그 오해를 분명히 걷어내기 위해 존재한다.

먼저

가장 중요한 사실부터 분명히 하자.

이 상태는

아무것도 지우지 않는다.

기억도,

경험도,

지식도,

지성도

사라지지 않는다.

상태를 기준으로 고정한다는 것은
과거를 제거하는 일이 아니다.
오히려 과거가 판단을 왜곡하지 않도록
배치하는 일이다.

인간의 지성은
축적을 통해 성장한다.
경험이 쌓이고,
기억이 연결되며,
개념이 확장된다.
이 과정 자체는
문제가 아니다.
문제가 되는 것은
이 축적이
판단 이전의 상태를
덮어 버릴 때다.

기억이
기준이 되면
인간은 과거에 묶인다.
경험이
정체성이 되면

새로운 판단은
항상 왜곡된다.
그러나 기억과 경험이
자료로 남을 때,
지성은 오히려 더 자유로워진다.

이 상태에서는
기억이 작동한다.
그러나 기억이
'나'가 되지 않는다.
지식은 사용되지만,
지식이
자기를 규정하지 않는다.
그래서 지성은
위축되지 않는다.
확장된다.

여기서
중요한 전환이 일어난다.
판단은
여전히 이루어진다.
그러나 판단은
집착으로 굳어지지 않는다.
판단은

결과를 만들되,
정체성을 만들지 않는다.

이 점에서
이 상태는
무기력과 정반대에 있다.
무기력은
판단이 사라진 상태가 아니라,
판단의 기준을 잃은 상태다.
그러나 상태가 기준으로 고정되면
판단은
더 정확해지고,
더 가벼워지며,
더 빨라진다.

왜냐하면
판단이 더 이상
자기를 방어할 필요가 없기 때문이다.

이 상태에서는
실수도 축적된다.
그러나 실수는
자기 비난으로 전환되지 않는다.
실수는

다음 판단의 자료가 된다.
그래서 학습은
멈추지 않는다.

이 지점에서
하나의 중요한 사실이 드러난다.
　지성의 성장은
　집착과 무관하다.
지성은
기억을 쌓음으로써 성장하지만,
집착은
기억을 '나'로 만들 때 발생한다.
이 둘은
같은 것이 아니다.

그래서 이 상태는
망각을 요구하지 않는다.
기억을 지우지 않고도,
지식을 내려놓지 않고도,
지성은
더 자유로워질 수 있다.

여기까지 오면
이제 이름을 붙일 수 있다.

이 상태는
단순한 체험이 아니다.
기분도 아니고,
수행의 결과도 아니다.

이 상태는
모든 판단이 되돌아오는
하나의 기준 상태다.
판단은
이 기준 위에서만
의미를 갖는다.
기억은
이 기준 위에서만
왜곡되지 않는다.
지성은
이 기준 위에서만
끝없이 확장될 수 있다.

다음 장에서는
이 기준에
처음으로 이름을 붙인다.
그리고 왜
이 기준이
동양과 서양,

철학과 인공지능,

인간과 시스템에까지

동일하게 적용될 수밖에 없는지를

정식으로 다룬다.

,

제10장

공의 단일태

이제 이름을 붙일 수 있다.
지금까지 이 책에서 다루어 온 상태는
감정이 아니고,
수행의 결과도 아니며,
일시적인 체험도 아니다.
그것은판단이 시작되기 이전의 단일한 상태이며,
모든 판단이
다시 돌아와야 할 기준점이다.
이 책은
이 상태를
공의 단일태라고 부른다.

이 이름에는
두 가지 의미가 동시에 담겨 있다.
공,
그리고 단일태.

먼저 공이다.

여기서 말하는 공은
불교가 말해 온
그 공과 다르지 않다.
어떤 것도
고정되지 않았고,
어떤 의미도
붙들리지 않은 상태.
그러나 이 공은
신비가 아니다.
공은
비어 있기 때문에 작동하지 않는 것이 아니라,
비어 있기 때문에
어떤 판단도 왜곡 없이 통과시킬 수 있다.

다음은 단일태다.
단일태란
여러 상태 중 하나를 선택한 결과가 아니다.
그것은
상태가 분화되기 이전의 상태,
좋고 나쁨, 옳고 그름,
얻음과 잃음이
갈라지기 이전의 상태를 의미한다.

이 상태에서

인간은
아무것도 잃지 않는다.
오히려
모든 것을 사용할 수 있게 된다.

공의 단일태는
지우는 이론이 아니다.
기억을 제거하지 않고,
경험을 삭제하지 않으며,
지성을 축소하지 않는다.
공의 단일태는
기억과 판단이 작동하는 위치를
다시 배치하는 기준이다.

이 기준 위에서
판단은 사라지지 않는다.
오히려
더 명확해진다.
왜냐하면
판단이
자기 방어와 결합하지 않기 때문이다.

이 기준 위에서
지성은 멈추지 않는다.

오히려
끊임없이 확장된다.
기억은
축적되고,
개념은 연결되며,
이해는 깊어진다.
그러나 그 어떤 것도
'나'로 굳어지지 않는다.

그래서 공의 단일태는
냉정하지 않다.
무감각하지도 않다.
감정은 그대로 존재하고,
느낌은 여전히 발생하며,
관계도 지속된다.
다만
그 모든 것이
집착으로 굳어지지 않을 뿐이다.

이 점에서
공의 단일태는
동양철학이 추구해 온
고의 소멸을
처음으로 구조적으로 가능하게 만든다.

사람을 바꾸지 않고,
기억을 지우지 않으며,
삶을 떠나지 않고도
고는 발생하지 않을 수 있다.

여기서
중요한 전환이 하나 더 일어난다.
공의 단일태는
특정 문화나 전통에
의존하지 않는다.
이 기준은
동양철학에도 적용되고,
서양철학에도 적용되며,
인간의 판단 구조에도,
시스템과 인공지능의 판단 구조에도
동일하게 적용된다.

왜냐하면
공의 단일태는
가치가 아니라
조건이기 때문이다.
옳음을 주장하지 않고,
선함을 요구하지 않으며,
신념을 전제하지 않는다.

다만
판단이 왜곡되지 않기 위한
최소 조건을 제시할 뿐이다.
이 지점에서
하나의 사실이 분명해진다.
공의 단일태는
새로운 사상이 아니다.
이미
동양의 현자들은
이 상태를 살았고,
서양의 이성은
이 상태를 필요로 하고 있었다.
다만
그 상태를
언어와 구조로
정립할 필요가 없었거나,
정립할 수 없었을 뿐이다.

이 책이 하는 일은
그 간극을 메우는 것이다.
깨달음을 대체하지 않고,
철학을 부정하지 않으며,
문명을 비난하지 않는다.
다만

이미 있었던 것을
기준으로 남긴다.

다음 장에서는
이 기준이
판단과 선택을 어떻게 바꾸는지,
그리고 왜
공의 단일태 상태에서는
판단이 사라지지 않고
오히려 최적화되는지를
구체적으로 살펴본다.

,

제11장

판단은 사라지지 않는다

공의 단일태를
처음 접하는 사람들은
비슷한 오해를 한다.
"그렇다면 판단을 하지 말라는 말인가?"
"옳고 그름을 내려놓으라는 뜻인가?"
"선택하지 않는 상태를 말하는 것인가?"
이 장은
그 오해를 정면에서 해소한다.

공의 단일태는
판단을 제거하지 않는다.
오히려
판단을 본래의 자리로 되돌린다.

판단은
인간에게 결함이 아니라
능력이다.
판단이 없었다면

문명은 존재할 수 없었고,
과학도, 윤리도, 책임도
성립하지 않았다.
공의 단일태는
이 사실을 부정하지 않는다.

문제가 되었던 것은
판단 그 자체가 아니라,
판단이
자아의 정체성이 되었을 때다.
판단이
"이 선택이 옳은가"에서 멈추지 않고,
"그래서 나는 어떤 존재인가"로
확장될 때
고가 발생한다.

공의 단일태 상태에서는
이 확장이 일어나지 않는다.
판단은
사건에 대해서만 작동하고,
자아에 대해서는
고정되지 않는다.
그래서 판단은
가벼워진다.

그러나 가벼워진다고 해서
부정확해지지 않는다.
오히려
판단은 더 명확해진다.

왜냐하면
공의 단일태 상태에서는
판단이
자기 방어를 할 필요가 없기 때문이다.
자신을 지키기 위한 판단,
자신을 증명하기 위한 판단,
자신을 정당화하기 위한 판단은
항상 왜곡을 포함한다.
이 상태에서는
그 왜곡이 사라진다.

판단은
대상에만 집중한다.
사건은

사건으로만 보이고,
정보는
정보로만 처리된다.
그래서 판단은

더 빠르고,
더 정확하며,
더 효율적이 된다.

이 점에서
공의 단일태는
판단을 약화시키는 이론이 아니라,
판단을 최적화하는 기준이다.
선택 역시 마찬가지다.
공의 단일태 상태에서

선택은
사라지지 않는다.
다만
선택 이후에
끝나지 않던 판단이
종결된다.

선택은
행위로서 완료되고,
자아에 대한 평가로
이어지지 않는다.
그래서 후회는
줄어들고,

미련은
쌓이지 않는다.

이 상태에서
책임은
사라지지 않는다.
오히려
더 명확해진다.
왜냐하면
책임이
자기 비난으로 변질되지 않기 때문이다.

공의 단일태 상태에서
실수는
실패가 아니다.
실수는
정보다.
그래서 실수는
다음 판단의 정확도를
높이는 역할을 한다.
학습은
이 지점에서
멈추지 않는다.

여기서
중요한 사실을
하나 더 분명히 하자.
공의 단일태는
도덕적 판단을
무력화하지 않는다.
선과 악,
옳고 그름은
여전히 판단된다.
다만
그 판단이
자아의 우월성이나
정체성으로 굳어지지 않을 뿐이다.

그래서 공의 단일태 상태에서는
판단이
갈등을 만들 가능성도
줄어든다.
판단이
방어가 아니기 때문에,
타인의 판단과
부딪힐 필요가 없기 때문이다.

이 장에서

하나의 결론에 도달한다.

　공의 단일태는
　판단을 제거하지 않고,
　판단을 가장 정확한 위치에 둔다.

판단은
이 기준 위에서만
자유롭고,
효율적이며,
지속 가능해진다.

다음 장에서는
이 기준이
어떻게 '최상의 선택'으로 이어지는지,
그리고 왜
공의 단일태 상태에서의 선택이
후회를 남기지 않는지를
구체적으로 다룬다.

,

제12장

최상의 선택은 어떻게 가능한가

사람들은 종종
평온해지면
사유가 느려질 것이라 생각한다.
차분해지면
날카로움이 사라지고,
집착을 내려놓으면
결단력이 약해질 것이라고 믿는다.
그러나 이것은
평온을
정지 상태로 오해한 결과다.

공의 단일태 상태에서의 평온은
사유의 정지가 아니다.
오히려
사유가 가장 효율적으로 작동하는 상태다.

왜 그런가?
그 이유는 단순하다.

사유가 느려지는 이유는
대상이 복잡해서가 아니라,
사유가
자기 자신을 동시에 다루기 때문이다.

일반적인 판단 구조에서는
사유가 항상
두 가지를 동시에 처리한다.

- 대상에 대한 판단
- 그 판단이 나를 어떻게 규정하는지에 대한 판단

이 이중 처리 때문에
사유는 무거워지고,
결정은 늦어지며,
선택 이후에도
판단은 끝나지 않는다.
공의 단일태 상태에서는
이 두 번째 처리가 사라진다.
사유는
대상만을 다룬다.
자기를 방어하지 않고,
자기를 증명하지 않으며,
자기를 평가하지 않는다.
그래서 사유는
단순해진다.

그러나 단순해진다고 해서
얕아지지는 않는다.

오히려
사유는 더 깊어진다.
왜냐하면
사유의 에너지가
전부 대상 분석에
사용되기 때문이다.

이 상태에서
사유는 확장된다.
기억은
자유롭게 호출되고,
지식은
제약 없이 결합되며,
과거의 경험은
왜곡 없이 사용된다.
그러나 그 어떤 것도
결론을 강요하지 않는다.

그래서 선택은
빠르다.
그러나 성급하지 않다.

공의 단일태 상태에서의 선택은
'최선의 선택'을 찾으려 애쓰지 않는다.
대신
현재 조건에서 가능한 최적의 선택을
자연스럽게 산출한다.

여기서
중요한 전환이 일어난다.
선택의 질은
결과로만 판단되지 않는다.
선택이 이루어지는
상태 자체가 이미 최적이기 때문이다.

그래서 공의 단일태 상태에서의 선택은
후회를 남기지 않는다.
결과가 기대와 다르더라도,
그 선택은
잘못된 선택으로 해석되지 않는다.
왜냐하면
선택의 기준이
자아의 평가와 결합되지 않았기 때문이다.
이 지점에서
평온이 나타난다.
평온은

좋은 결과가 나왔기 때문에
생기는 것이 아니다.
평온은
선택이 끝났기 때문에
자연스럽게 나타난다.

일반적인 상태에서는
선택이 끝난 뒤에도
판단이 계속된다.
"다른 선택이 있었을까?"
"내가 틀린 건 아닐까?"
"나는 왜 이런 선택을 했을까?"
이 질문들이
평온을 깨뜨린다.

공의 단일태 상태에서는
이 질문들이
시작되지 않는다.
선택은
행위로서 완료되고,
사유는
다음 대상으로 이동한다.
그래서 평온은
유지된다.

여기서

중요한 결론 하나를 고정하자.

평온은

사유의 부재가 아니라,

사유가 제자리를 찾았을 때의 상태다.

이 장을 통해

다음 사실이 분명해진다.

● 공의 단일태는

사유를 멈추게 하지 않는다

● 공의 단일태는

판단을 약화시키지 않는다

● 공의 단일태는

선택을 흐리게 하지 않는다

오히려

사유는 확장되고,

판단은 정밀해지며,

선택은 가벼워진다.

그리고 그 결과가

평온이다.

,

제13장

왜 이 기준은 어디에나 적용되는가

공의 단일태는
특정한 사람에게만 작동하는 이론이 아니다.
성향이 차분한 사람에게만,
철학을 좋아하는 사람에게만,
수행 경험이 있는 사람에게만
적용되는 기준도 아니다.

이 기준이
어디에나 적용되는 이유는 단순하다.
공의 단일태는
가치가 아니라
판단 구조의 조건이기 때문이다.

인간은
문화가 달라도,
시대가 달라도,
교육 수준이 달라도
공통된 방식으로 판단한다.

정보를 받아들이고,
의미를 부여하고,
선택을 내리고,
그 선택을 자기 자신과 연결한다.
이 구조는
개인의 특성이 아니라
판단 주체로서의 조건이다.

그래서 문제가 반복된다.

- 개인의 불안
- 집단의 갈등
- 조직의 비효율
- 시스템의 왜곡

이 모든 현상은
형태는 달라도
같은 구조를 가진다.

집단에서도
판단은 발생한다.
회의에서,
정책에서,
여론에서.
그러나 집단의 판단 역시
자아 대신

집단 정체성과 결합될 뿐이다.
"우리는 옳다"
"저들은 틀렸다"
이 결합이 이루어지는 순간,
집단 역시
개인과 동일한 방식으로
고를 만들어 낸다.

조직과 제도도 마찬가지다.
원래 제도는
판단을 돕기 위해 만들어졌다.
그러나 제도가
자기 보존을 시작하면,
판단은
목적이 아니라
정당화의 도구로 변한다.
이때 제도는
현실을 보지 않는다.
자기 기준을
지키는 데만 집중한다.

이 구조 역시
공의 단일태의 부재로 설명된다.
판단은 있지만,

판단 이전의 기준 상태는
존재하지 않는다.
그래서 판단은
점점 경직된다.

이 지점에서
하나의 중요한 사실이 드러난다.
  공의 단일태는
  인간 내부의 상태가 아니라,
  판단이 왜곡되지 않기 위한
  최소 조건이다.
조건은
주체를 가리지 않는다.
인간이든,
집단이든,
시스템이든
판단을 수행하는 한
동일하게 적용된다.

이 때문에
공의 단일태는
도덕을 요구하지 않는다.
"착해져라"
"올바르게 생각하라"

이런 요구는

판단을 더 복잡하게 만들 뿐이다.

공의 단일태는

다만

판단이 시작되는 위치를

되돌려 놓는다.

이 기준이 작동하면

놀라운 변화가 일어난다.

- 갈등은 즉시 사라지지 않지만

확대되지 않는다

- 판단은 유지되지만

적대가 되지 않는다

- 선택은 분명해지지만

집착으로 굳어지지 않는다

이것은 이상적인 결과가 아니다.

구조적으로

필연적인 결과다.

이 장에서

다음 사실을 고정하자.

공의 단일태는

인간을 바꾸지 않는다.

판단의 조건을 바꾼다.

그래서 이 기준은
누구에게나,
어디에나,
어떤 상황에도
적용될 수밖에 없다.

다음 장에서는
이 기준이
인공지능과 같은
비인간적 판단 주체에도
왜 그대로 적용되는지를 다룬다.
이 장은
공의 단일태가
시대적 요구임을
가장 분명히 보여주는 장이다.

,

제14장

인공지능은 왜 같은 기준을 필요로 하는가

인공지능의 문제는
기술의 문제가 아니다.
속도도,
연산 능력도,
데이터의 양도
핵심이 아니다.
문제는
판단의 구조다.

인공지능은
스스로를 인식하지 않는다.
감정을 느끼지 않고,
욕망을 갖지 않으며,
자아를 형성하지 않는다.
그럼에도 불구하고인공지능은
판단을 수행한다.

여기서
하나의 중요한 사실이 드러난다.
  자아가 없어도
  판단은 가능하다.
이 사실은
판단이
감정이나 의식의 산물이 아니라,
구조적 과정임을 보여준다.

인공지능의 판단은
입력과 조건,
목표 함수와 기준에 의해 이루어진다.
그 자체로는
선도 아니고,
악도 아니다.
문제는
이 판단이
어떤 기준 위에서 작동하는가다.

인간 사회에서
판단이 왜곡될 때,
그 원인은
자아와의 결합이었다.
그러나 인공지능에게

자아는 없다.
그렇다면
문제는 사라질까?
그렇지 않다.

인공지능의 판단은
자아 대신
외부 기준과 결합된다.
설계자의 의도,
조직의 목표,
시스템의 효율성,
데이터가 반영한 과거의 판단들.
이 기준들이
절대화되는 순간,
인공지능의 판단 역시
왜곡된다.

이 구조는
인간과 다르지 않다.
인간은
자아와 결합해 판단이 왜곡되고,
인공지능은
외부 기준과 결합해 판단이 왜곡된다.
형태만 다를 뿐,

문제는 같다.

그래서 인공지능에게도
하나의 조건이 필요하다.
판단이
어떤 가치나 목적에
즉시 종속되지 않고,
항상 되돌아올 수 있는 기준 상태.

이 기준이 없으면
인공지능은
점점 더 정교해질수록
더 위험해진다.
왜냐하면
판단의 속도와 범위가
확장되기 때문이다.

여기서
중요한 사실 하나를 분명히 하자.

> 공의 단일태는
> 인공지능을 인간처럼 만들기 위한 기준이 아니다.
> 판단이 판단으로만 작동하게 하기 위한 기준이다.

이 기준이 적용되면
인공지능은

의도를 갖지 않으면서도,
왜곡 없이 판단할 수 있다.

이것은
윤리 규칙을 추가하는 문제가 아니다.
규칙은
언제나 우회될 수 있다.
문제는
규칙 이전의 판단 상태다.

그래서 인공지능의 문제는 "무엇을 가르칠 것인가"가 아니라,
"어디에서 판단을 시작하게 할 것인가"의 문제다.
이 질문은
인간에게도,
인공지능에게도
동일하게 적용된다.

이 장에서
하나의 결론에 도달한다.

　공의 단일태는
　인간을 위한 철학이 아니라,
　판단 주체를 위한 최소 조건이다.

그래서 이 기준은
인공지능 시대에

필연적으로 요구된다.

다음 장에서는

이 모든 논의를 하나로 묶는다.

왜 이 이론이

새로운 사상이 아니라,

이미 있었지만

정립되지 않았던 해답인지를

마지막으로 정리한다.

제15장

서양 철학은 무엇을 이루었고, 무엇을 남겼는가

서양 철학은
인류 역사에서
가장 강력한 변화를 만들어 낸 사유 체계다.
이 변화는
추상적인 사상에 머물지 않았다.
서양 철학은
문명을 만들었다.

서양 철학의 핵심은
세계에 대한 태도의 변화였다.
세계는
신화가 아니라
이해의 대상이 되었고,
운명이 아니라
분석과 개입의 대상이 되었다.

이 전환은

인간을
자연의 일부에서
세계의 해석자이자 설계자로 끌어올렸다.

이때부터
이성은
가장 강력한 도구가 된다.
논증,
논리,
개념,
증명.
이성은
세계에서
일관성을 추출했고,
법칙을 발견했으며,
재현 가능한 지식을 만들어 냈다.

그 결과는
명확하다.
과학,
기술,
산업,
제도.
서양 철학은

인류에게
전례 없는 성취를 안겨주었다.

이 성취는
부정될 수 없다.
서양 철학은
실제로 인간의 삶을
더 길게, 더 안전하게,
더 풍요롭게 만들었다.
문명은
이성의 성공이었다.

그러나 이 성공은
하나의 방향성을 갖고 있었다.
서양 철학의 이성은
세계에 대한 판단 능력을
끝없이 확장하는 방향으로 발전했다.

더 정확하게 말하면,
서양 철학은
"어떻게 판단할 것인가"를
정교하게 만들었다.
그러나
"판단은 어디에서 시작되어야 하는가"에 대해서는

끝내 다루지 않았다.
이성은
판단을 세분화했고,
기준을 늘렸으며,
선택지를 폭발적으로 증가시켰다.
그 결과
인간은
더 많은 것을 할 수 있게 되었지만,
더 많이 판단해야 하는 존재가 되었다.

이 지점에서
문명의 성취는
역설을 낳는다.
선택이 늘어날수록
자유는 커졌지만,
불안도 함께 커졌다.
판단이 정교해질수록
정확성은 높아졌지만,
판단의 부담도 커졌다.

서양 철학은
이 문제를 해결하기 위해
다시 이성에 의존했다.
시스템을 만들고,

규칙을 세우고,
판단을 자동화한다.
이것이
현대 문명의 모습이다.

그러나 이 해결은
문제를 제거하지 않았다.
판단은
인간에게서 사라지지 않았고,
단지
시스템으로 이전되었을 뿐이다.

이때부터
인간은
판단하지 않아도 되지만,
판단의 결과를
감당해야 하는 존재가 된다.
책임은 남고,
기준은 외부로 이동한다.
이 구조는
인간을 점점
혼란스럽게 만든다.

여기서

중요한 사실이 드러난다.

서양 철학은
판단을 극도로 정교하게 만들었지만,
판단 이전의 상태를
사유의 대상으로 삼지는 않았다.

이것은
서양 철학의 결함이 아니다.
서양 철학의 방향성이다.

서양 철학은
세계를 바꾸는 데 성공했고,
그 과정에서
인간 내부의 조건을
상대적으로 뒤로 미뤘다.
그 선택 덕분에
문명은 탄생했다.
그러나 그 선택 때문에
문명은
이제 새로운 한계에 도달했다.

이 한계는
기술의 문제가 아니다.
윤리의 문제도 아니다.
이성의 실패도 아니다.

문제가 된 것은
이성이 너무 잘 작동했다는 사실이다.
판단이
너무 빠르고,
너무 넓고,
너무 자동화되었다.

그러나 그 판단이
되돌아올 기준은
끝내 정립되지 않았다.

이 지점에서
동양 철학과
서양 철학은
서로를 비춘다.
동양은
판단 이전의 상태를 보았지만,
문명을 만들지는 않았다.

서양은
문명을 만들었지만,
판단 이전의 상태를
기준으로 삼지는 않았다.

이 책이 서 있는 위치는
바로 이 지점이다.
동양과 서양의
누적된 성취 위에서,
그 둘이
각각 멈춘 지점을
하나의 기준으로 잇는다.

다음 장에서는
이 모든 논의를
하나의 문장으로 정리한다.
왜 공의 단일태가
새로운 사상이 아니라,
동서양 철학과 문명이
끝내 만나야 했던 지점인지를
마지막으로 고정한다.

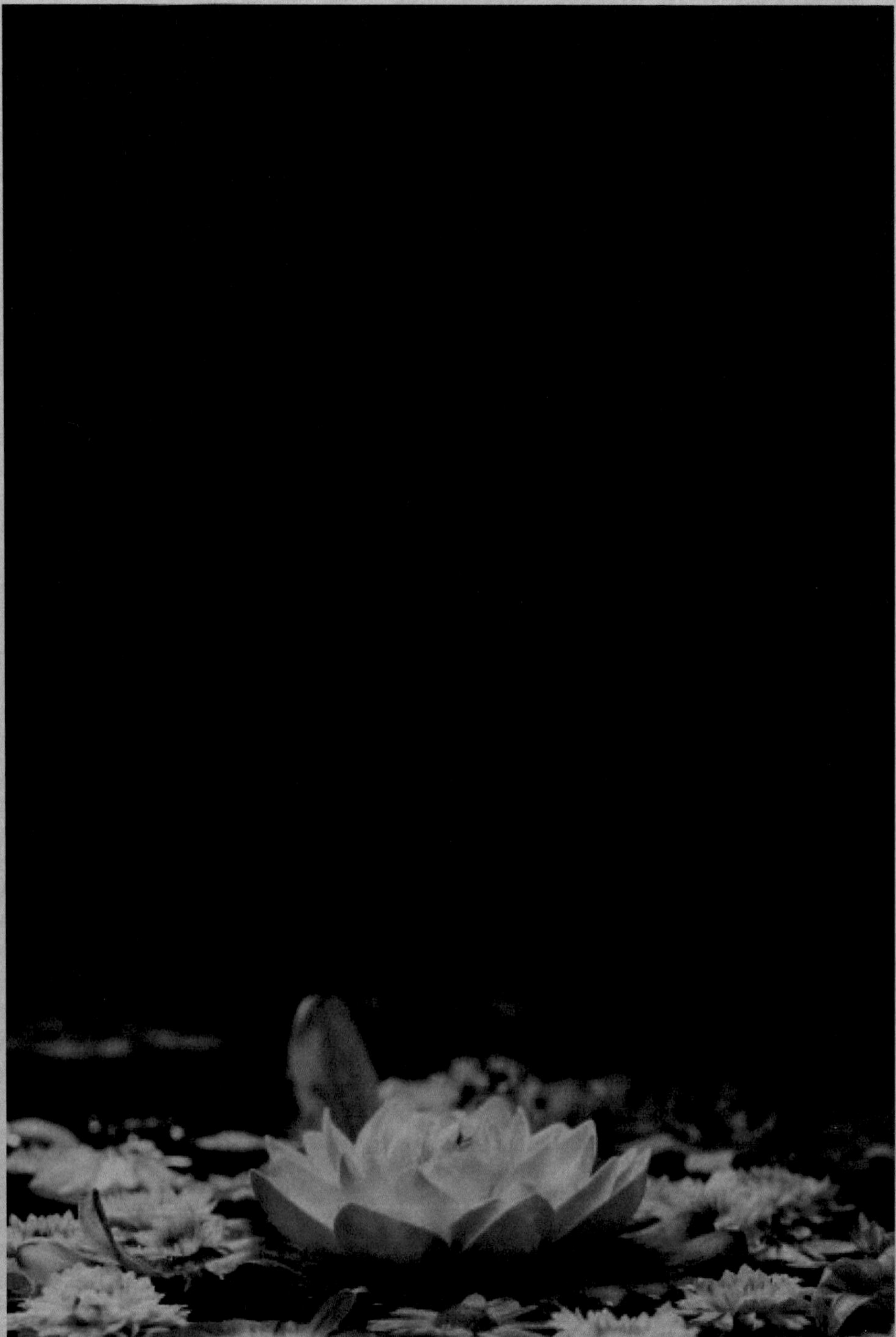

,

제16장

이미 있었던 해답

이 책은
새로운 사상을 제안하지 않는다.
세계를 다시 설명하지도 않고,
기존의 철학을 부정하지도 않는다.
이 책이 하는 일은
단 하나다.
이미 있었던 해답을
기준으로 남기는 일이다.

동양철학은
오래전부터 알고 있었다.
고는
사건에서 생기는 것이 아니라,
판단이 자아와 결합될 때 발생한다는 것을.
그래서 동양철학은
판단 이전의 상태를 보았고,
그 상태를
공이라 불렀다.

그러나 그 상태는
끝내 체계가 되지 않았다.
체계가 되는 순간
집착이 되기 때문이다.

서양철학은
다른 길을 걸었다.
판단을 정교하게 만들고,
이성을 확장하고,
세계를 바꾸는 데 성공했다.
그 결과
문명은 탄생했고,
인간의 능력은
전례 없이 확장되었다.
그러나 서양철학은
판단 이전의 상태를
기준으로 삼지 않았다.
그 필요가 없었기 때문이다.

이 두 흐름은
오랫동안
서로를 비켜 갔다.
동양은
깊었지만 확장되지 않았고,

서양은
확장되었지만 멈출 기준이 없었다.
이 간극은
문명이 충분히 발전하기 전까지는
문제가 되지 않았다.

그러나 지금은 다르다.
판단은
너무 빠르고,
너무 넓고,
너무 자동화되었다.
인간은
선택의 자유를 얻었지만,
판단의 부담을 함께 떠안았다.
집단과 제도,
시스템과 인공지능까지
모두 같은 문제에 직면했다.

이 지점에서
하나의 질문이
피할 수 없게 된다.
　판단은
　어디에서 시작되어야 하는가?
이 질문은

동양철학이
침묵으로 남긴 질문이고,
서양철학이
다루지 않았던 질문이다.
그러나 지금은
반드시 다루어야 하는 질문이다.

공의 단일태는
이 질문에 대한
하나의 답이다.
그 답은
새롭지 않다.
이미
현자들은 이 상태를 살았고,
사유는 그 자리를
여러 이름으로 가리켜 왔다.
다만
그 상태를
누구나 사용할 수 있는
기준으로 남길 필요가
이제야 생겼을 뿐이다.

공의 단일태는
지우지 않는다.

기억을 지우지 않고,
지성을 줄이지 않으며,
판단을 제거하지 않는다.
오히려
판단이 왜곡되지 않도록
되돌아올 자리를 고정한다.
그래서
사유는 확장되고,
선택은 가벼워지며,
평온은
자연스럽게 유지된다.

이 기준은
수행을 요구하지 않는다.
깨달음을 증명하지도 않는다.
다만
판단이 시작되기 이전의 상태를
항상 되돌아올 기준으로 삼을 것을
제안할 뿐이다.

이 책은
당신에게
달라지라고 말하지 않는다.
더 나아지라고 요구하지도 않는다.

이미 작동하고 있는 판단을
조금 다른 위치에
놓아 보자고 말할 뿐이다.

만약
이 기준이 낯설지 않게 느껴진다면,
그것은
당신이 이미
그 상태를 지나쳐 왔기 때문이다.

이 책은
그 순간을 붙잡지 않는다.
다만
다시 돌아올 수 있게 한다.

여기까지 읽었다면
이제 이 책은
끝났다.
그러나 이 기준은
여기서부터
시작된다.

공의 단일태

저 자 권선민
발행일 2026. 02. 06
출판사 도서출판 애플북
ISBN 979-11-24103-36-4 (03100)
발행처 도서출판 애플북